W0281453

STARK IN...

Gesellschaftslehre 2

Erdkunde, Geschichte, Sozialkunde

Arbeitsheft 2.1

Schroedel

Stark in Gesellschaftslehre 2.1
Erdkunde, Geschichte, Sozialkunde

Herausgegeben von Georg Kaiser

Erarbeitet von Frank Eichhorn, Philipp Gillmann,
Georg Kaiser, Angela Mand, Christiane Rein, Renate Teepe

Unter Mitarbeit der Verlagsredaktion

Illustrationen: Kathrin Priestersbach

Umschlaggestaltung: Jürgen Kochinke

ISBN 3-507-**36016**-0

Druck A 8 7 6 5 4 / Jahr 2008 2007 2006 2005 2004

Alle Drucke der Serie A sind im Unterricht parallel verwendbar, da bis auf die Behebung von Druckfehlern untereinander unverändert. Die letzte Zahl bezeichnet das Jahr dieses Druckes.

Satz und Repro: More*Media* GmbH, Dortmund
Druck: Oeding Druck und Verlag GmbH, Braunschweig

Bildquellenverzeichnis

S. 11: Globus Kartendienst GmbH, Hamburg
S. 12: Fiat AG, Frankfurt/Main
S. 15 o. l.: Minkus, Isernhagen
S. 15 o. r.: Fabian, Edemissen
S. 15 m. l.: Fabian, Edemissen
S. 15 m. r.: Fischer, Hannover
S. 15. u. l.: Fabian, Edemissen
S. 15 u. r.: Fabian, Edemissen
S. 21: Thoden, Hannover
S. 32/33: Everett, S.: Geschichte der Sklaverei, Augsburg 1998, S. 114/115
S. 35: BPK, Berlin
S. 36: BPK, Berlin
S. 37: AKG, Berlin
S. 38: Rein, Detmold
S. 42: Bundeszentrale für gesundheitliche Aufklärung, Köln
S. 48: Thoden, Hannover
S. 53 o.: Marie Marcks, Heidelberg
S. 53 u.: Globus Kartendienst GmbH, Hamburg
S. 57: Müller, Bartensleben
S. 59: Aus: Vaxelaire, D./Faure, M.: Der Sohn des Adlers, Heft 1. Zelheim/NL: Arboris 1988, S. 13ff.
S. 60: BPK, Berlin
S. 61: BPK, Berlin
S. 62: BPK, Berlin

Trotz entsprechender Bemühungen ist es nicht in allen Fällen gelungen, den Rechteinhaber ausfindig zu machen. Gegen Nachweis der Rechte zahlt der Verlag für die Abdruckerlaubnis die gesetzlich geschuldete Vergütung.

Liebe Schülerinnen und Schüler!

Diese Zeichen findet ihr vor den Aufgaben. Sie bedeuten:

 Arbeitet mit einer Partnerin, einem Partner oder in einer Gruppe.

 Schreibt etwas auf.

 Macht etwas mit euren Händen, z. B. etwas ausschneiden.

 Entnehmt der Seite (Text oder Bild) Informationen.

 Sammelt Informationen auch außerhalb des Klassenzimmers.

 Macht ein Rollenspiel, spielt Theater.

Q Hier findet ihr einen Text aus einem Buch oder einer Zeitschrift.

Der Notizzettel enthält Worterklärungen oder zusätzliche Informationen.

Die Seitenangaben in den **Aufgaben** beziehen sich auf Schülerband 2.

Arbeit hat viele Gesichter

Auf dem Weg zur Demokratie

● ● ● Eine eigene Wohnung – ein Fragebogen

1. Suche in deiner Umgebung junge Menschen (Verwandte, Freunde oder Nachbarn) und befrage sie mithilfe dieses Fragebogens nach ihrer Wohnsituation:

1. Mein(e) Gesprächspartner(in):

○ weiblich
○ männlich
○ verfügt über ein eigenes Einkommen
○ verfügt über kein eigenes Einkommen

2. Grundsätzliche Wohnsituation:

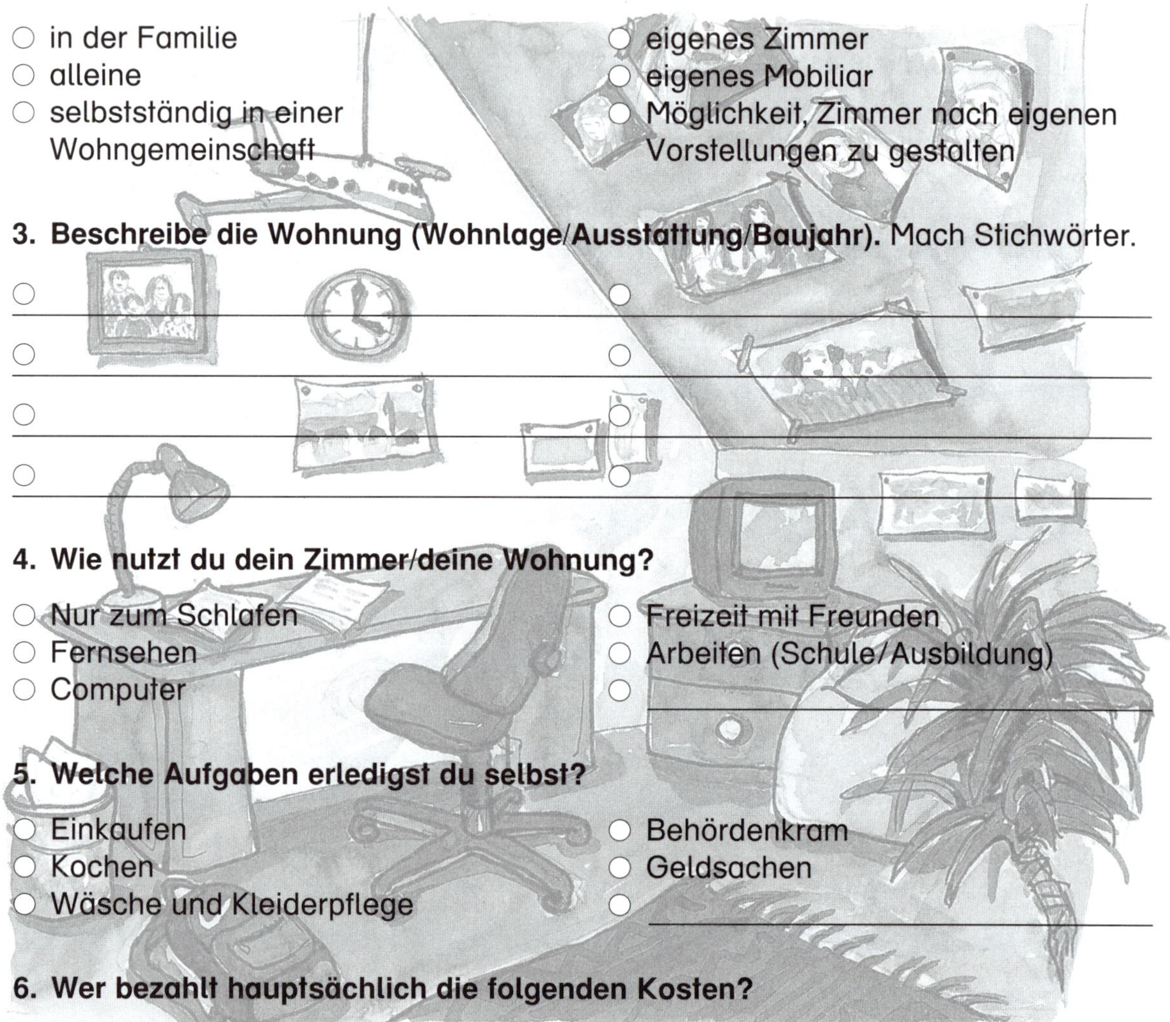

○ in der Familie
○ alleine
○ selbstständig in einer Wohngemeinschaft
○ eigenes Zimmer
○ eigenes Mobiliar
○ Möglichkeit, Zimmer nach eigenen Vorstellungen zu gestalten

3. Beschreibe die Wohnung (Wohnlage/Ausstattung/Baujahr). Mach Stichwörter.

○ ____________________ ○ ____________________
○ ____________________ ○ ____________________
○ ____________________ ○ ____________________
○ ____________________ ○ ____________________

4. Wie nutzt du dein Zimmer/deine Wohnung?

○ Nur zum Schlafen
○ Fernsehen
○ Computer
○ Freizeit mit Freunden
○ Arbeiten (Schule/Ausbildung)
○ ____________________

5. Welche Aufgaben erledigst du selbst?

○ Einkaufen
○ Kochen
○ Wäsche und Kleiderpflege
○ Behördenkram
○ Geldsachen
○ ____________________

6. Wer bezahlt hauptsächlich die folgenden Kosten?

Miete ____________________
Essen ____________________
Kleidung ____________________
Freizeit ____________________
Fahrzeug ____________________
Reparaturen ____________________
Raten- oder Sparverträge ____________________
____
____

7. Wie siehst du deine Wohnsituation?

○ Zufrieden
○ nicht zufrieden
○ es gibt viel Stress
○ (zu) teuer
○ schwierig
○ ____________________
○ ____________________
○ ____________________

Wohnungssuche in der Zeitung

2 ZKDB, EBK, WFL 45 m², EG, ab 1.12., KM € 240,– einschl. NK, ETH 2 MM Kaut., WBS E. Schmitz Immobilien, Martinstraße 2, München ✆ 0 89 / 12 34 56 78 MO–FR. 8.00 – 12 Uhr und 14.00 – bis 16.00 Uhr

1. Schreibe die Abkürzungen der Wohnungsanzeige aus:

2 ZKDB =	
EG =	

2. Schneide eine Wohnungsanzeige aus der Zeitung aus, kleb sie ein und schreibe auch hiervon die Abkürzungen aus!

3. Schreibe den folgenden Text als Zeitungsanzeige mit Abkürzungen.

Suche einen Nachmieter für meine Wohnung in der Innenstadt von Stuttgart. Die Wohnung hat 3 Zimmer und ist 76 m² groß. Sie liegt in der 1. Etage und hat eine Küche, eine Diele, ein Bad, ein eigenes Gästeklo und einen Balkon. Die Wohnung verfügt über einen Parkettboden und einen Keller. Die Miete beträgt 450,– € dazu kommen noch die Betriebskosten und Heizungskosten in Höhe von 240,– €. Allerdings muss der zukünftige Mieter keine Provision an einen Makler zahlen. Bewerbungen bitte unter der Telefonnummer ....

● ● ● Antrag auf Erteilung eines Wohnberechtigungsscheines

1. Fülle das Formular (Auszug) aus.

2. Besorge dir bei dem für dein Wohngebiet zuständigen Wohnungsamt bzw. Einwohnermeldeamt einen entsprechenden Antrag auf

   ☐ Erteilung einer Wohnberechtigungsbescheinigung nach § 5 des Wohnungsbindungsgesetzes (WoBindG) für eine öffentlich geförderte Wohnung

   ☐ Erteilung einer Wohnberechtigungsbescheinigung für den Bezug einer geförderten Wohnung mit – nach § 88a Zweites Wohnungsbaugesetz – erweiterter Einkommensgrenze

1. Persönliche Angaben des Antragstellers

Familienname, Vorname	Geburtsdatum
Anschrift (Straße, Haus-Nr., PLZ, Wohnort)	Beruf

Familienverhältnisse

☐ ledig ☐ verheiratet ☐ getrennt lebend ☐ verwitwet ☐ geschieden ☐ verlobt

Der Antragsteller gehört dem folgenden Personenkreis an und beantragt, dies in der Wohnberechtigungsbescheinigung zu vermerken:

☐ kinderreiche Familien ☐ ältere Personen ☐ junge Ehepaare

(Personenkreis bitte angeben)

☐ Aussiedler und Gleichgestellte ☐ Schwerbehinderte ☐ ______________

2. Angaben über die jetzige Wohnung

Anschrift (Straße, Haus-Nr., PLZ, Wohnort, Stockwerk, Gebäudeteil)

Ist die Wohnung öffentlich gefördert? ☐ ja ☐ nein

Wohnfläche in qm: __________ Miete je qm in €: __________ Anzahl der Wohnräume: __________

3. Angaben über die künftige Wohnung

Haben Sie eine bestimmte geförderte Wohnung in Aussicht?

☐ nein; wenn ☐ ja, Anschrift (Straße, HausNr., PLZ, Wohnort, Stockwerk, Gebäudeteil), Zeitpunkt des beabsichtigten Einzuges;

....

Name und Anschrift des Vermieters

Wohnfläche in qm: __________ Miete je qm in €: __________ Anzahl der Wohnräume: __________

Wurde zum Bau ein Finanzierungsbeitrag geleistet? ☐ nein, wenn ☐ ja in Höhe von ______________________ €

Angemessen sind regelmäßig folgende Wohnungsgrößen:

– für einen Alleinstehenden: 45 qm Wohnfläche,
– für 2-Personenhaushalte: 60 qm Wohnfläche oder 2 Wohnräume, zzgl. Arbeitsküche (bis zu 15 qm),
– für jeden weiteren zum Familienhaushalt rechnenden Angehörigen erhöht sich die Wohnfläche um einen Raum oder 15 qm.

Bei zu erwartender Geburt eines Kindes innerhalb von 6 Monaten ab Antragstellung wird ein zusätzlicher Wohnraum gewährt; desgl. bei kinderlosen jungen Ehepaaren, die noch nicht länger als 5 Jahre verheiratet sind und bei denen noch keiner der Ehegatten das 40. Lebensjahr vollendet hat. (Bitte entsprechende Nachweise beifügen!)

zu Schülerband Seite 14/15

Wir richten unsere Wohnung ein

Möbliere den nachstehenden Grundriss nach deinen Vorstellungen. Benutze die unten vorgefertigten Symbole. Anschließend schneidest du sie aus und klebst sie dann nach deinen Vorstellungen ein. Du musst natürlich nicht alle Schablonen benutzen, manche brauchst du dagegen mehrere Male.
Es gibt im Schreibwarenhandel auch Möblierungsschablonen.

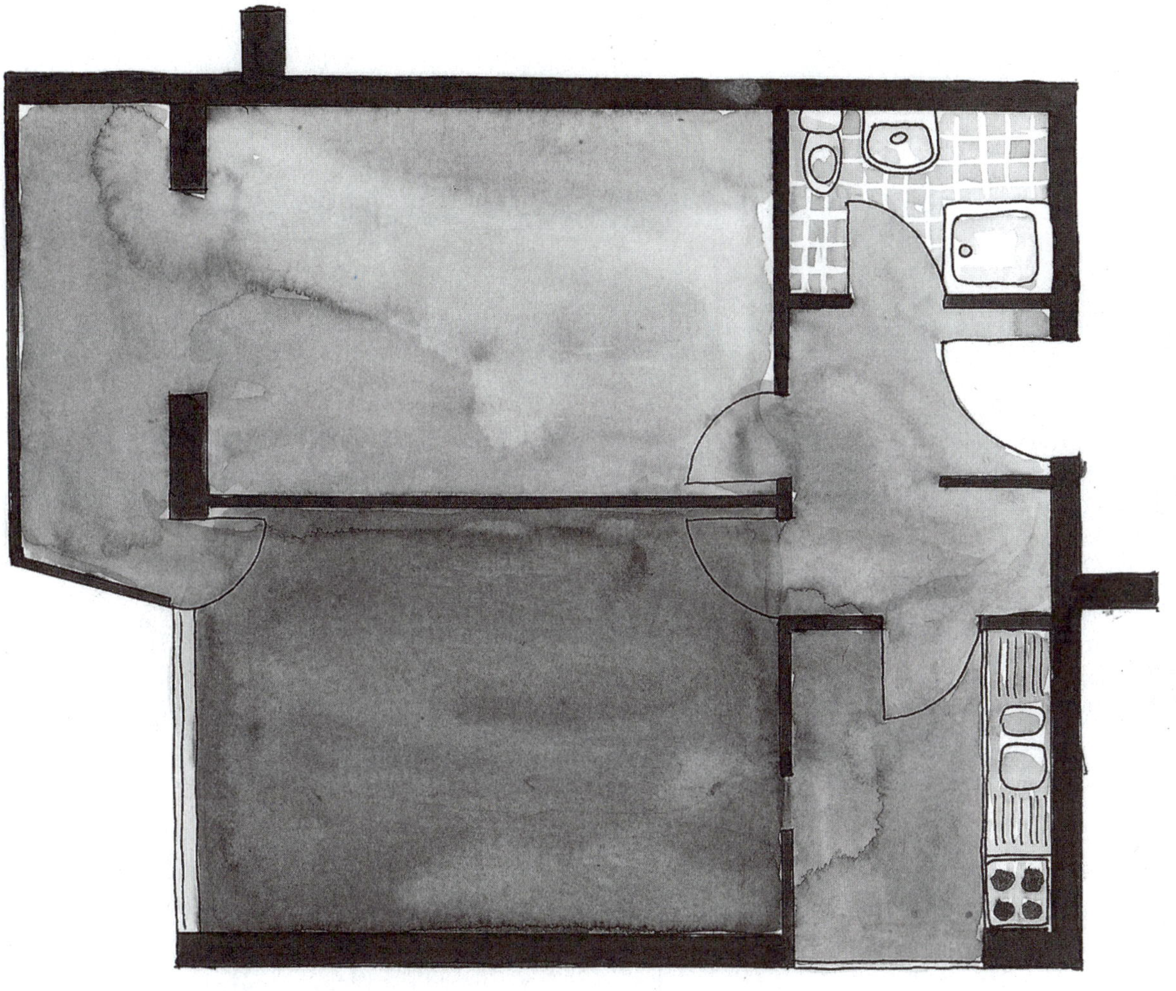

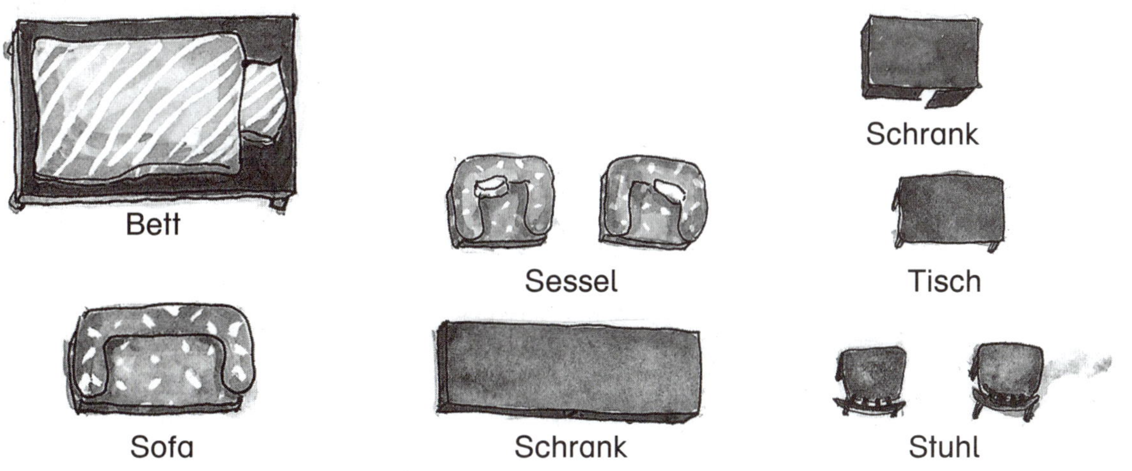

Anmeldung – Abmeldung – Ummeldung

Fülle das Formular (Auszug) aus. Stell dir dabei vor, du würdest mit deiner Familie in eine andere Stadt oder Gemeinde umziehen.

Neue Wohnung

Gemeindekennzahl | Tag des Einzugs | Postleitzahl | Gemeinde

Straße, Haus-Nr.

Bisherige Wohnung

Gemeindekennzahl | Tag des Auszugs | Postleitzahl | Gemeinde

Straße, Haus-Nr.

(PLZ, Gemeinde, Kreis, Land (falls vom Ausland: Staat), Straße, Hausnummer, Adressierzusätze

(Vater oder Mutter) 1

Familienname/Doktorgrad

Geburtsname

Vornamen (Rufname unterstreichen) ☐ männl. ☐ weibl.

Geburtsdatum/Geburtsort

Familienstand ☐ ledig ☐ verheiratet ☐ verwitwet ☐ geschieden

Religionsgesellschaft

Staatsangehörigkeit (bitte alle angeben)

Ausstellungsdatum und -behörde des Reisepasses

gültig bis:

Ausstellungsdatum und -behörde des Personalausweises

gültig bis:

erwerbstätig: ☐ ja ☐ nein

dauernd getrennt lebend: ☐ ja ☐ nein; seit ____________

Lohnsteuerklasse: ____________

Kinder bis zur Vollendung des 27. Lebensjahres

3

Familienname/Doktorgrad

Geburtsname

Vornamen (Rufname unterstreichen) ☐ männl. ☐ weibl.

Geburtsdatum/Geburtsort

Familienstand ☐ ledig ☐ verheiratet ☐ verwitwet ☐ geschieden

Religionsgesellschaft

Staatsangehörigkeit (bitte alle angeben)

Rechtsstellung des angemeldeten Kindes (1 = leiblich, 2 = Pflegekind, 3 = Stiefkind) ①

zum Vater: zur Mutter:

4

Familienname/Doktorgrad

Geburtsname

Vornamen (Rufname unterstreichen) ☐ männl. ☐ weibl.

Geburtsdatum/Geburtsort

Familienstand ☐ ledig ☐ verheiratet ☐ verwitwet ☐ geschieden

Religionsgesellschaft

Staatsangehörigkeit (bitte alle angeben)

Rechtsstellung des angemeldeten Kindes (1 = leiblich, 2 = Pflegekind, 3 = Stiefkind) ①

zum Vater: zur Mutter:

Wo bleibt mein Geld?

1. Berechne die Einnahmen, Abzüge und das Nettoeinkommen.
Frau Wimmer ist Angestellte in einem Einkaufszentrum, sie hat 2 Kinder.
(Die Beträge sind auf- bzw. abgerundet.)

Grundlohn	1 500,00 €
Überstunden	300,00 €
Kindergeld	276,10 €

Einnahmen: ____________________

Lohnsteuer/	169,11 €
Solidaritätszuschlag	—
Kirchensteuer	2,19 €
Sozialversicherung	367,15 €

Abzüge: ____________________

Einnahmen: ____________________

Abzüge: ____________________

Nettoeinnahmen: ____________________

Wo bleibt das Haushaltsgeld?

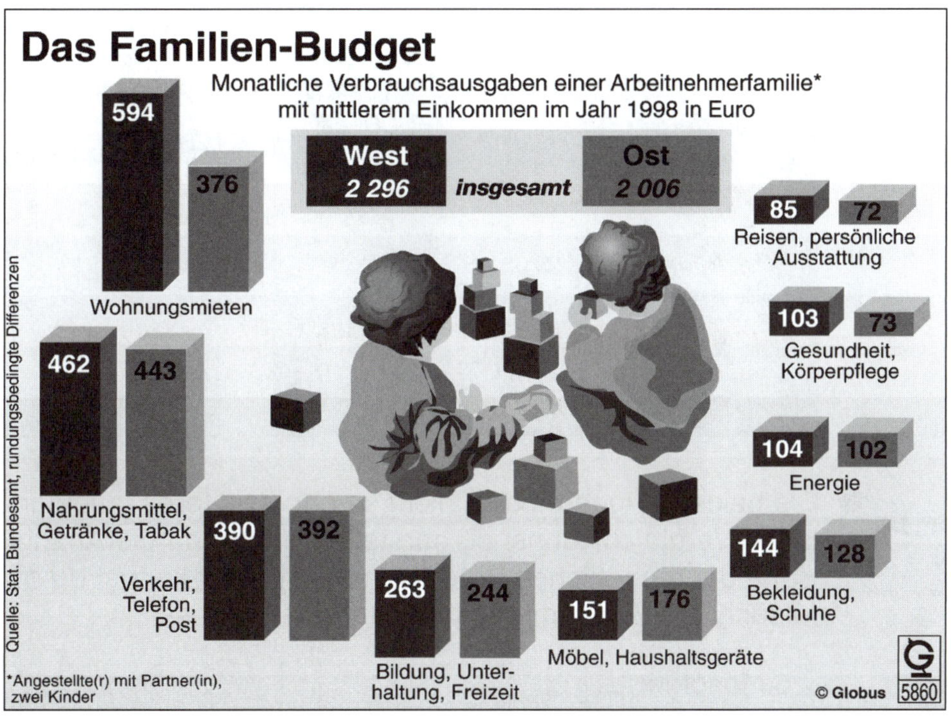

2. Für welche Bereiche geben die Haushalte in Westdeutschland das meiste Geld aus?

____

3. Für welche Bereiche geben die Haushalte in den neuen Bundesländern das meiste Geld aus?

____

zu Schülerband Seite 20/21

„Kredit, . . . damit kann ich mir alles leisten.“

Kerstin interessiert sich für den gebrauchten SOLO. Sie hat aber lediglich 500,– € auf ihrem Sparkonto. Sie erkundigt sich bei dem Autohändler und bei einer Bank nach einer Finanzierungsmöglichkeit.

SCHUFA:
Schutzgemeinschaft für allgemeine Kreditsicherung

Beide machen ihr ein Angebot. Der Autohändler und die Bank wollen das Einverständnis von Kerstin, dass sie Auskünfte bei der SCHUFA einholen können. Die SCHUFA gibt Auskunft, ob sie z. B. schon einen Kredit bei einer anderen Bank oder Sparkasse aufgenommen hat.

Angebot Autohaus RAD und Co.	
Kaufpreis:	*3500,– €*
Anzahlung:	*500,– €*
Finanzierung über:	*3000,– €*
Laufzeit: 36 Monate	
Effektiver Jahreszins:	*8,49 %*
Monatl. Rate:	*92,– €*
Inkl. Restschuldversicherung	

Angebot Bank:	
Darlehensbetrag:	3000,– €
Zins/Monat:	0,420%
Zinsanteil:	302,– €
Summe Gebühren u. Ausl.:	60,– €
Monatl. Raten:	140,– €
Letzte Rate:	142,– €
Laufzeit: 24 Monate	
Effektivzins:	11,79 %

Die beiden Angebote sind nicht so ohne weiteres miteinander zu vergleichen. Einen Vergleich kannst du herstellen, indem du die Anzahl der Monate mit der Höhe der monatlichen Rate malnimmst. Jetzt kannst du ausrechnen, wie hoch der tatsächliche Anschaffungspreis für das Auto ist.

36 Monate x . . .

24 Monate x . . .

Vorsicht!
Lass dir beim Abschluss eines Kredit- oder Darlehensvertrages von einem unabhängigen Fachmann helfen!

zu Schülerband Seite 22/23

Ordne die Versicherungen den Textfeldern zu.

Haftpflichtversicherung – Lebensversicherung – Hausratversicherung – Unfallversicherung – Rechtsschutzversicherung

Wenn man in einen Rechtsstreit verwickelt ist, übernimmt die

____

____

die Kosten für den Anwalt und die Gerichtskosten.

Im Todesfalle bezahlt eine

____

eine vorher vertraglich vereinbarte Summe an die Hinterbliebenen, in der Regel an den Ehepartner oder an die Kinder.

Möbel, Geld, Porzellan, Bilder, elektronische Geräte wie Fernseher, Computer, Musikanlagen, aber auch Fahrräder und Maschinen, die sich in einer Wohnung befinden, sind durch die

____

im Falle eines Brandes, eines Diebstahles, Zerstörung durch Wasser und Unwetter versichert.

fahrlässig: ohne Absicht etwas verschulden

Die ______________________ übernimmt Folgekosten eines Unfalles wie z. B. Invalidität. Hierbei muss nachgewiesen werden, dass der Versicherte sich nicht *grob fahrlässig* verhalten hat.

grob fahrlässig: fehlerhaft etwas verschulden

Schäden, die man unabsichtlich, d. h. *fahrlässig* verursacht, sind durch die

____

abgedeckt. Diese Versicherung gehört zu den wichtigsten Versicherungen, die auch junge Menschen beim Eintritt in das Berufsleben abschließen sollten.

zu Schülerband Seite 26/27

Ein Auto – kann ich mir das leisten?

Berechne mithilfe eines Fachmannes die Kosten für ein Auto:

	Neuwagen	Gebrauchtwagen
1. Anschaffung		
Kauf des Autos		
Zulassung		
Nummernschilder		
2. Feste Ausgaben		
Haftpflichtversicherung		
Kaskoversicherung mit Selbstbeteiligung		
KFZ-Steuer		
TÜV / ASU		
Wertverlust		
3. Laufende Kosten		
Benzin für 20 000 km/Jahr, durchschnittl. Verbrauch 10 l / 100 km		
Inspektion		
Reparaturen z. B. Bremsbeläge, Reifen		
Reifen		

zu Schülerband Seite 28

Auf den Bildern sind verschiedene Situationen dargestellt, die sich zu Hause abspielen könnten. Schreibe Begriffe auf, die dir zu den Bildern einfallen. Die Begriffe unten auf der Seite können dir vielleicht helfen.

Zärtlichkeit, Geborgenheit, Streit, Feiern, Stress, Arbeit, Freude, Gemeinschaft, Einsamkeit, Liebe, Entspannung, Prügel, Familie

zu Schülerband Seite 30/31

Aufgaben bei uns zu Hause

1. Schreibe neben die Aufgabenbereiche, wer bei euch diese Aufgaben wahrnimmt.

2. Ergänze auf den leeren Zeilen weitere Aufgaben. Notiere auch hier, wer diese Aufgaben bei euch übernimmt.

Rechnungen: ______________________

____

Fensterputzen: ______________________

____

Hausaufgabenhilfe: ______________________

____

Staubsaugen: ______________________

____

____

Spülen: ______________________

____

____

Arztbesuche: ______________________

____

____

Kochen: ______________________

____

____

3. Welche Aufgaben nimmst du zu Hause wahr?

____

____

____

____

____

____

zu Schülerband Seite 32/33

Anne hatte zwar viele Träume, doch vieles ist ganz anders gelaufen. Eine Berufsausbildung schaffte sie nicht. Sie hat einen Job als Schichtarbeiterin in der Fabrik angenommen. Nach der Arbeit muss Anne noch den Haushalt oder Einkäufe erledigen. Sie lebt mit ihrem Freund zusammen. Dieser bastelt gern und erledigt die handwerklichen Arbeiten im Haus. Gemeinsam haben sie inzwischen auch ein Kind (1 Jahr), um das sie sich abwechselnd kümmern. Sie müssen sich ganz schön einschränken, um über die Runden zu kommen. Annes Mutter, die alleine lebt, ist seit einigen Monaten krank und braucht ihre Hilfe.
Manchmal weiß Anne nicht, wo ihr der Kopf steht.

1. Wer ist in dem Beispiel für welche Aufgaben verantwortlich?

Anne:

Freund:

A

Frauensache – Männersache – *ein Würfelspiel*

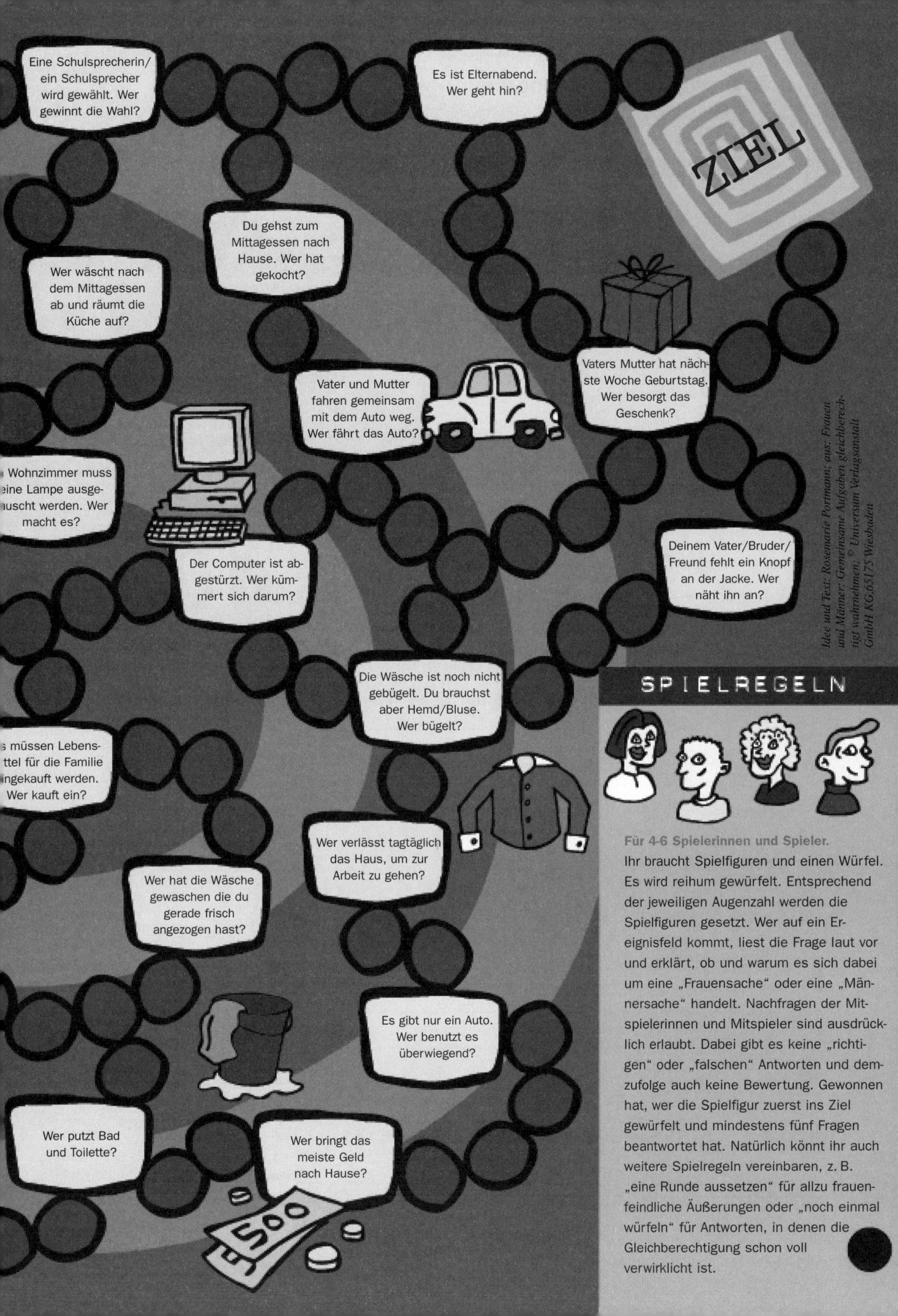

SPIELREGELN

Für 4-6 Spielerinnen und Spieler.

Ihr braucht Spielfiguren und einen Würfel. Es wird reihum gewürfelt. Entsprechend der jeweiligen Augenzahl werden die Spielfiguren gesetzt. Wer auf ein Ereignisfeld kommt, liest die Frage laut vor und erklärt, ob und warum es sich dabei um eine „Frauensache“ oder eine „Männersache“ handelt. Nachfragen der Mitspielerinnen und Mitspieler sind ausdrücklich erlaubt. Dabei gibt es keine „richtigen“ oder „falschen“ Antworten und demzufolge auch keine Bewertung. Gewonnen hat, wer die Spielfigur zuerst ins Ziel gewürfelt und mindestens fünf Fragen beantwortet hat. Natürlich könnt ihr auch weitere Spielregeln vereinbaren, z. B. „eine Runde aussetzen“ für allzu frauenfeindliche Äußerungen oder „noch einmal würfeln“ für Antworten, in denen die Gleichberechtigung schon voll verwirklicht ist.

Wünsche und Ängste

1. Wie möchtest du in 5 Jahren leben? Welche Wünsche und Ängste hast du?

zu Schülerband Seite 34/35

Q Suzan Gülfirat wurde in Malatya im Südosten der Türkei geboren und kam 1970 als Siebenjährige mit ihren Eltern nach Berlin. Sie erzählt:

Begonnen hat alles mit der Armut meiner Familie.

Meine Mutter sagt, wenn sie nicht zufällig in einer Tageszeitung gelesen hätte, dass die Bundesrepublik Deutschland Gastarbeiter anwerbe, hätte sie betteln gehen müssen. *Symptome* der Unterernährung waren bereits bei meinem drei Jahre jüngeren Bruder aufgetreten. Angst habe sie gehabt, erzählt sie. Sie konnte auf einem Ohr nicht hören und wog zudem bei einer Größe von 165 Zentimetern nur 46 Kilo. Doch bei dem Mangel an Arbeitskräften nahm man sogar sie. Also packte sie 1969 mit 23 Jahren ihre Koffer, ließ Mann und drei Kinder im Alter von sechs und drei Jahren sowie acht Monaten zurück, um in einer Berliner Schokoladenfabrik am Fließband zu arbeiten. Diese Entscheidung war einer der schlimmsten Augenblicke im Leben unserer Familie. Wie viele andere Männer und Frauen auch, musste meine Mutter zunächst allein nach Deutschland reisen, um eine Wohnung zu suchen.

(aus: PZ, Nr. 83, Die Türken, Bonn 1995, S. 32)

Symptome = Anzeichen

1. Warum ließ sich Frau Gülfirat nach Deutschland anwerben?

____

____

____

____

2. Sprecht mit ausländischen Familien und lasst euch berichten,
- seit wann sie in der Bundesrepublik leben?
- warum sie in die Bundesrepublik gekommen sind?
- was sie in der Bundesrepublik besonders gut finden?
- was sie hier besonders vermissen?

3. Erkundige dich im Internet beim Statistischen Bundesamt, wie viele Ausländer zur Zeit in der Bundesrepublik leben und aus welchen Ländern sie kommen. (www.statistik-bund.de)

zu Schülerband Seite 36/37

22 ● ● ● Wir bereiten eine Expertenbefragung vor – Gewalt in der Familie

Jugendgerichtshelfer, Polizisten und Mitarbeiter des Jugendamtes geben gerne Auskunft über ihre Arbeit. Sie sind Experten.

- Sie können euch viele Informationen geben.
- Sie können von ihren Erlebnissen und Erfahrungen berichten.

Eine Expertenbefragung muss sorgfältig vorbereitet werden.
Schreibt alles, was ihr wissen möchtet in Form von Fragen auf Karten. Dann vergesst ihr bei der Befragung nichts. Normalerweise beginnt aber der Experte oder die Expertin mit dem Erzählen.

Frage:
Bitte stellen Sie sich kurz vor und sagen Sie, welche Aufgabe Sie im Jugendamt haben?

Frage:
Ist Gewalt in der Familie ein Thema, mit dem Sie oft zu tun haben?

Frage:
Was machen Sie, wenn sie erfahren, dass Kinder in einer Familie oft und brutal geschlagen werden?

Frage:
Welches Ereignis hat Sie besonders traurig gemacht?

Frage:
Wer meldet solche Fälle? Sind es die Kinder? Oder die Nachbarn? Oder Verwandte?

Frage:
____
____
____

Frage:
____
____

Vorbereitungsbogen

Was ist zu tun?	
1. Einladung eines Mitarbeiters im Jugendamt	*Wer lädt ein? – Persönlich, telefonisch (Telefonnummer, schriftlich Adresse)*
2. Wo findet das Gespräch statt?	
3. Wie wird der Raum vorbereitet?	
4. Wollt ihr das Gespräch auf einem Kassetten-rekorder aufnehmen? (Das Einverständnis des Gesprächspartners ist erforderlich)	
5. Welche Fragen wollt ihr stellen?	
6. Wer stellt die Fragen?	
7. Was hat euch bei dem Gespräch am meisten beeindruckt?	
8. Versucht eine Zusammenfassung des Gesprächs zu erstellen.	

Pause in der Klasse 8: Kaum hat die Lehrerin die Klasse verlassen, beginnt der Kampf. Özgür, Klaus und Anja stürzen sich auf den 14-jährigen Tim. Sie drücken ihn auf einen Stuhl und beginnen ihn zu fesseln. Tim lacht gequält. Einige Mitschüler feuern an, reichen Schnüre, kneifen und hänseln ihn. Die übrigen nehmen wenig Notiz von dem Vorfall. Tim wird verspottet und bespuckt. Man drückt ihm eine alte Unterhose ins Gesicht. „Warum hilft mir denn keiner?“ Tim ist das Lachen längst vergangen. Die Mitschüler lassen erst von ihm ab, als der Lehrer hereinkommt. Er will wissen, was los war. Die Klasse schweigt.

Drei Wochen später. Dieselbe Klasse, dieselben Schüler, ein neues Opfer: Karsten hatte abgestritten, bei dem Hänseln dabei gewesen zu sein. Karsten wurde mit dem Oberkörper aus dem Fenster des 1. Stocks gehängt. Die Schüler drücken dem 14-jährigen die Beine auseinander und traktieren seine Hoden mit einem Stock. Keiner der übrigen Klassenkameraden greift ein.

Das sagen die Beteiligten dazu:

Tim:

Karsten:

Özgür, Klaus und Anja:

Der Klassenlehrer:

Eltern von Tim und Karsten:

Eltern von Klaus, Anja und Özgür:

(Das Beispiel ist entnommen aus der Zeitschrift: Basta, „Nein zur Gewalt“)

zu Schülerband Seite 40/41

Abzocken in der Schule

Rainer aus der 6. Klasse kommt wütend zu Frau K., die in der Pausenhalle Aufsicht führt:

Rainer:
Der Pit hat mir schon wieder Chips geklaut!
Frau K.:
Was ist passiert?
Rainer:
Ich habe Geld in den Automaten geworfen, dann hat Pit mich zur Seite gestoßen und hat die Chips aus dem Fach geholt. Das hat er jetzt schon dreimal gemacht.

Frau K. geht mit Rainer zu Pit, der über das ganze Gesicht grinst, als er den wütenden Jungen sieht.

Frau K.:
Pit stimmt es, dass du dem Rainer die Chips abgenommen hast?
Pit:
Was heißt hier abgenommen, er hat sie mir überlassen. Er hätte sich ja wehren können.

1. Versucht Pits Verhalten zu erklären. Warum verhält Pit sich so? Sag Pit deine Meinung.

2. Wie soll sich die Lehrerin verhalten?

3. Wie kann sich Rainer gegen das Verhalten von Pit wehren?

Obdachlosigkeit ist in der Bundesrepublik zunehmend auch ein Problem von Jugendlichen. Sarah und Manuel leben auf der Straße. Sie berichten darüber.

Q **Sarah, 18 Jahre**

Mit 22 hat meine Mum meinen Erzeuger kennen gelernt und ist nach 2 Jahren mit mir schwanger geworden. Sie haben dann geheiratet. Wir hatten damals nur eine Einzimmerwohnung. Vorher wohnte meine Ma in einer Notunterkunft. Mein Erzeuger hat angefangen zu saufen und meine Ma mit reingezogen. Da fingen die Probleme an. Nach 2 Jahren kam meine Schwester. Meine Ma hat aufgehört zu arbeiten. Mein Erzeuger ist abends in die Kneipe und hat sich besoffen und als er nach Hause kam, hat er meine Ma vergewaltigt. Erst einmal im Monat, dann jede Woche und später fast jeden 2. Tag. Leider.
Mit 5 Jahren musste ich auf meine Geschwister aufpassen. Habe ich was falsch gemacht, habe ich Schläge bekommen, z. B. habe ich einmal die Sandalen meiner Schwester nicht gefunden, dafür wurde ich unter die kalte Dusche gestellt und bekam einen Arsch voll und kein Abendbrot. Irgendwann wurde ich von meinem Erzeuger vergewaltigt: Eine Nachbarin hat das mitgekriegt und dem Jugendamt Bescheid gesagt. Drei Tage später wurde ich meiner Mum weggenommen und ins Heim gesteckt. Da war ich 2 Wochen und kam dann in eine Pflegefamilie. Da habe ich auch Schläge bekommen. Mit Kochlöffel, Gerte, Besenstiel usw.

(Mit freundlicher Genehmigung aus: Kerstin Zillmer, Kinder der Ausweglosigkeit, Votum-Verlag, Münster 1997)

Q **Manuel, 16 Jahre**

Ich übernachte nur bei einem Freier, wenn ich ihn schon länger kenne, denn da habe ich schon böse Erfahrungen gemacht. Kaum bist du bei denen zu Hause, schließen sie die Haustür ab und fallen über dich her. Da schlafe ich lieber in einem abgestellten Eisenbahnwaggon oder an einem Platz, wo keiner hinkommt. Ich kann mich doch überhaupt nicht wehren. Ich würde ja gerne wieder ein ganz normales Leben führen, mit Schule, Familie, Freunden, aber die Drogen haben mir alles kaputt gemacht. Außerdem, wer will denn bei meiner Vergangenheit noch etwas von mir wissen. Wir leben doch in einer Welt voller Eismenschen.

(Mit freundlicher Genehmigung aus: Rüdiger Heins, „Zu Hause auf der Straße", Lamuv Verlag, Göttingen 1996)

Schreibe Gründe auf, die bei Sarah und Manuel zur Obdachlosigkeit führten.

Erkundigt euch im Internet über Obdachlosigkeit von Jugendlichen (www.offroadkids.de).

zu Schülerband Seite 42

Ein Schiff der Entdecker

Ordne folgenden Zahlen Begriffe zu: Achterdeck, Lebensmittellager, Trinkwasserfässer, Lagerraum, Beiboot, Hauptdeck, Kompasshaus mit Kompass, Vorderdeck, Kajüte des Kapitäns, Geschütz.

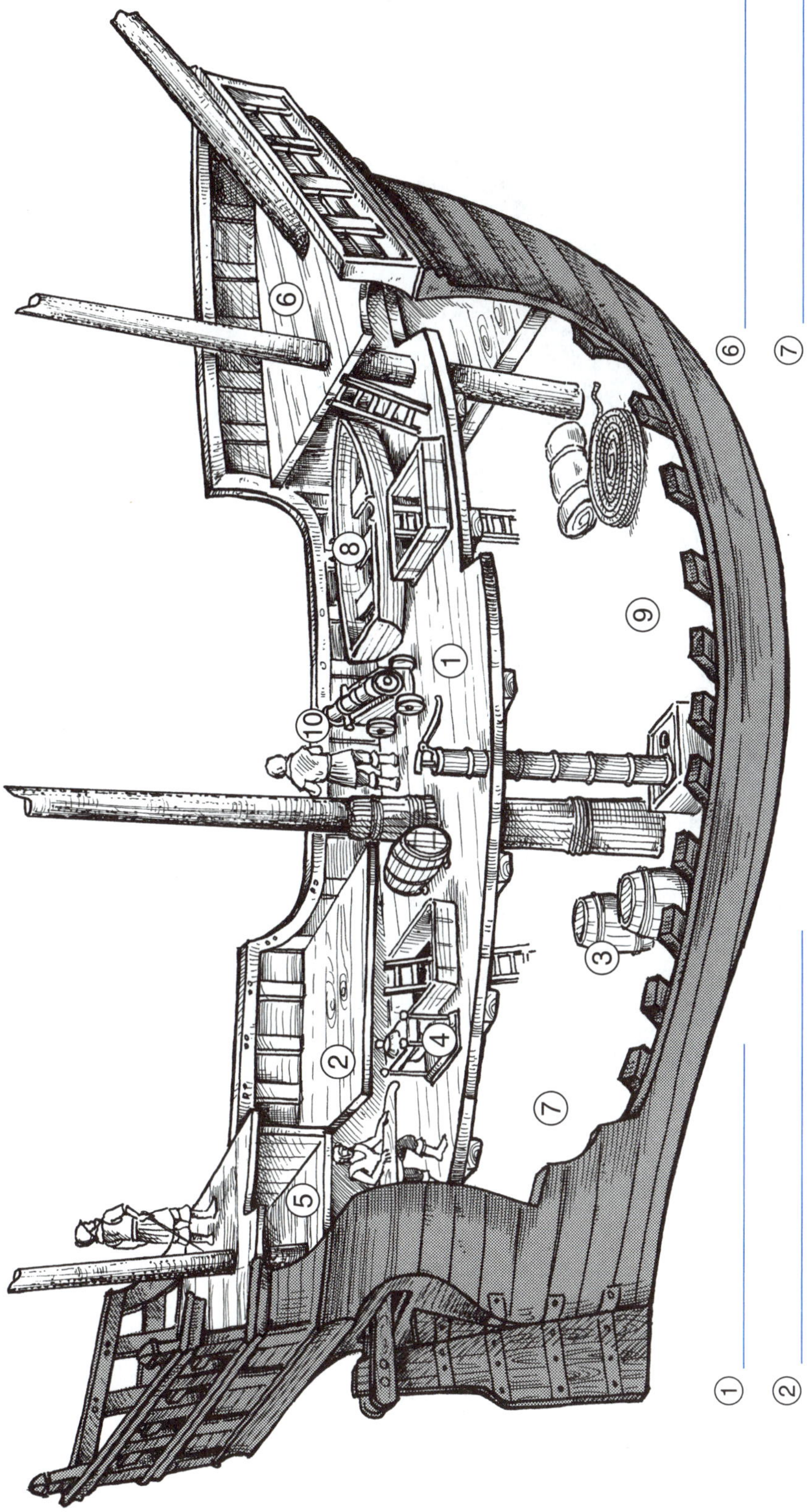

① ____________

② ____________

③ ____________

④ ____________

⑤ ____________

⑥ ____________

⑦ ____________

⑧ ____________

⑨ ____________

⑩ ____________

Eine Seefahrt, die ist lustig?

1. Schreibe auf, welche Vorräte, die Seeleute mit an Bord nahmen.

Ein Reisender berichtete 1544 über die Zustände an Bord eines Schiffes:

> **Q** *„Die Hitze, die stickige Luft und das Gefühl der Beengtheit waren überwältigend. Hinzu kommt die allgemeine Übelkeit und die schlechte Gesundheit. Kaum jemand hat Lust zu essen, aber einen unglaublichen Durst. Es gibt Unmengen von Läusen, welche die Menschen quälen, und man kann die Kleidung nicht waschen, weil sie im Meerwasser einläuft. Es herrscht ein übler Gestank, vor allem unter Deck.“*

2. Erkläre, warum eine längere Seereise im 16. Jahrhundert sehr beschwerlich war.

zu Schülerband Seite 44/45

Dieser Text enthält viele Fehler. Unterstreiche sie und verbessere sie mithilfe des Schülerbandes S. 46. Trage die richtigen Wörter in die rechte Spalte ein.

Auf der Suche nach Wasser

Im Mai des Jahres 3002 traf der Außerirdische Hernando de Soto mit neun Raumschiffen, 600 Soldaten und über 200 Robotern an der Westküste Floridas ein. Er hatte sein ganzes Vermögen in diese Reise gesteckt, denn er hoffte, in Nordamerika Wasser zu finden. Andere Reisende hatten von dem sagenhaften Süßwassersee der sieben Städte von Cibola erzählt. De Soto wollte diesen See mit seiner Streitmacht austrinken.

Zuerst marschierten die Außerirdischen nach Norden. Sie versorgten sich mit Nahrung durch Überfälle auf Tankstellen. Die Amerikaner trieben Handel und lebten in Bunkern. Wasser besaßen sie nicht.

Inzwischen waren viele Roboter durch Überlastung oder im Kampf mit den Amerikanern zerstört worden. Doch die Männer hatten Durst und marschierten weiter. Im Mai 3003 starb de Soto am Fieber. Seine Leute versuchten nochmals nach Westen vorzudringen. Dann kehrten sie um. Die Expedition war gescheitert. Später stellte sich heraus, dass der See von Cibola eine reine Erfindung gewesen war.

● ● ● Brüder, ihr seht jetzt den Feind vor uns

1675 rief „King Phillip“, Häuptling des Indianerstammes der Wampanoag, sein Volk zum Kampf auf. In seiner Rede sagte er:

> **Q** *„Brüder, ihr seht dieses weite Land vor uns, das der große Geist unseren Vätern und uns gegeben hat. Ihr seht die Bisons und das Wild, die unsere Nahrung sind. Brüder ihr seht jetzt den Feind vor uns, der unverschämt und mutwillig geworden ist; ihr alle seht, dass alle unsere uralten Bräuche verachtet werden. Die Verträge, die unsere Väter abgeschlossen haben sind gebrochen. Unsere Brüder wurden ermordet. Brüder, diese Menschen aus der unbekannten Welt werden unsere Wälder abholzen, unsere Jagdgründe und Felder zerstören, unsere Familien versklaven.“*

Häuptling „King Phillip“ erhebt in seiner Rede schwere Vorwürfe.

1. Suche aus dem Text oben die richtigen Begriffe und trage sie unten ein.

Mit dem „Feind“ meint er ______________________________

____

Er sagt: „Die Feinde verachten ______________________________

Sie brechen ______________________________,

die sie mit unseren Vätern abgeschlossen haben.

Sie ermorden ______________________________

Er warnt: Diese Menschen aus der unbekannten Welt werden

– unsere Wälder ______________________________

– unsere Jagdgründe und Felder ______________________________

– unsere Familien ______________________________

2. Hatte „King Phillip“ Recht mit seinen Vorwürfen? Begründe deine Antwort. Sieh dazu im Schülerband S. 50 nach.

____

____

____

____

____

____

____

Menschenraub in Afrika –
Ein Würfelspiel zur Sklaverei

1. Sklavenfänger überfallen dein Dorf und nehmen dich gefangen. Rücke ein Feld vor.
2. Du wirst auf ein Schiff gebracht. Die Sklavenhändler warten mit der Abfahrt, bis noch mehr Sklaven aus dem Hinterland gebracht werden. Setze einmal aus!
3. Während der Überfahrt hast du Angst und Heimweh. Du willst nichts essen. Deswegen wirst du geschlagen. Gehe zwei Felder zurück!
4. Das Sklavenschiff ist vollkommen überfüllt. Viele deiner Leidensgenossen sind krank. Einige sterben. Du bist jedoch noch gesund. Rücke zwei Felder vor!
5. Einige afrikanische Männer versuchen, die weiße Besatzung des Schiffes zu überwältigen. Das gelingt jedoch nicht. Die Anführer der Meuterei werden ins Meer geworfen. Setze einmal aus!
6. Das Schiff erreicht Amerika. Du wirst gewaschen und bekommst saubere Kleidung. Einige Tage wirst du mit den anderen Männern und Frauen zusammen in einem großen Schuppen eingesperrt. Ihr bekommt gutes Essen, denn wenn ihr kräftig ausseht, kann der Sklavenhändler einen höheren Preis für euch verlangen. Setze einmal aus!
7. Du wirst auf der Sklavenauktion an den Besitzer einer Zuckerrohrplantage verkauft. Rücke drei Felder vor!
8. Du musst von Sonnenaufgang bis Sonnenuntergang auf den Feldern arbeiten. Daran kannst du dich nur sehr schwer gewöhnen. Rücke erst dann weiter vor, wenn du eine Zwei gewürfelt hast!
9. Du bekommst zu wenig zu essen. Weil du so einen großen Hunger hast, stiehlst du ein Brot. Niemand hat es gesehen. Rücke ein Feld vor!
10. Du hast heimlich ein Huhn geschlachtet. Doch du wirst erwischt und zur Strafe ausgepeitscht. Eine Woche lang kannst du nicht arbeiten. Gehe zurück auf Feld 8!
11. Dein Herr bemerkt, dass du sehr gut mit Pferden umgehen kannst. Du wirst Stallbursche. Dadurch hast du ein viel leichteres Leben. Rücke vier Felder vor!
12. Du lernst ein nettes Mädchen kennen, das im Herrenhaus in der Küche arbeitet. Sie gibt dir häufig Essen, das die Weißen übrig gelassen haben. Würfle noch einmal!
13. Du heiratest das nette Küchenmädchen. Rücke fünf Felder vor!
14. Der Kutscher ist krank. Du musst für ihn einspringen. Dadurch lernst du die Umgebung der Plantage kennen und kannst mit Sklaven von anderen Plantagen sprechen. Würfle noch einmal!
15. Die Baumwollpreise sind gefallen. Dein Herr ist in Geldschwierigkeiten. Er will deine Frau und deine Kinder auf dem Sklavenmarkt verkaufen. Du bist verzweifelt und suchst nach einem Plan, mit deiner Familie zu fliehen. Setze solange aus, bis du eine Vier gewürfelt hast!
16. Ein anderer Sklave erzählt dir, dass es im Norden Amerikas keine Sklaverei mehr gibt. Du beschließt, mit deiner Familie dorthin zu gehen. Würfle noch einmal!
17. Du läufst mit deiner Familie von der Plantage weg. Rücke zwei Felder vor!
18. Euer Herr sucht euch mit Hunden. Doch ihr lauft so lange durch einen Bach, bis die Hunde eure Spur verlieren. Würfle noch einmal!
19. Ihr werdet wieder eingefangen. Der Herr lässt dich auspeitschen und verkauft dich dann an einen anderen Plantagenbesitzer, der sehr weit entfernt lebt. Geh zurück auf Feld acht!
20. Ihr trefft Menschen, die Sklaven bei der Flucht helfen. Sie geben euch Essen und zeigen euch den Weg. Würfle noch einmal!
21. Euer Herr hat Sklavenjäger beauftragt, euch zu suchen. Sie finden euch und bringen euch zurück zur Plantage. Geh zurück auf Feld acht!

Menschenraub in Afrika – ein Würfelspiel zur Sklaverei

Mit diesem Spiel für 3 – 4 Personen könnt ihr ein Sklavenschicksal nachspielen. Ihr braucht dazu Spielfiguren und einen Würfel. Gewonnen hat, wer es zuerst schafft, aus der Sklaverei zu entfliehen. Dazu müssen die Nordstaaten (das Ziel) erreicht werden. Es wird abwechselnd von jedem Spieler einmal gewürfelt. Ihr dürft um so viele Felder vorrücken, wie der Würfel Augen anzeigt. Wer auf ein Feld mit einer Zahl kommt, muss die dazu gehörende Anweisung laut vorlesen und befolgen.

34 ● ● ● Pflanzen und Tiere erobern die Welt

Die Europäer lernten in Amerika Pflanzen und Tiere kennen, die sie noch nicht kannten. Sie brachten aber auch Haustiere und Nutzpflanzen nach Amerika, die dort bis dahin unbekannt waren.
Suche in diesem Buchstabenfeld alle Pflanzen- und Tiernamen.
Die Pflanzen und Tiere, die aus Amerika nach Europa gebracht wurden, sind von links nach rechts und von oben nach unten geschrieben.
Von rechts nach links und von unten nach oben findest du die Pflanzen und Tiere, die für Amerika neu waren.

W	E	H	U	I	T	R	U	T	H	A	H	N	D	R	I	O	G	O	V
Z	U	D	R	E	F	P	Y	A	Ö	Z	R	V	E	R	U	B	T	I	A
U	A	S	G	R	Z	K	N	G	F	S	A	L	K	J	H	G	F	D	N
P	I	Z	T	R	E	W	E	T	O	M	A	T	E	M	N	B	V	C	I
Q	W	D	V	B	J	K	Z	W	E	R	T	Z	U	I	O	P	A	S	L
D	F	G	H	J	K	L	I	X	A	S	D	F	G	H	J	U	T	R	L
W	E	R	D	W	F	H	E	B	U	A	R	T	N	I	E	W	B	T	E
E	E	H	B	F	Z	U	W	W	D	R	T	Z	U	O	K	H	F	R	Z
L	G	O	W	G	T	J	O	P	L	O	J	G	F	D	R	Z	U	T	B
L	E	R	G	N	H	U	H	G	H	Z	I	W	K	A	K	A	O	A	A
O	I	R	B	F	R	Z	U	I	F	A	W	E	T	I	M	L	O	B	N
W	Z	E	B	F	R	U	E	K	A	R	T	O	F	F	E	L	G	A	A
M	M	K	B	N	T	A	D	Z	H	J	I	O	S	T	A	G	U	K	N
U	N	C	S	I	W	U	T	Z	C	V	U	W	K	U	A	M	U	H	A
A	B	U	K	A	D	N	I	R	S	U	A	H	B	U	W	A	N	Z	S
B	F	Z	F	L	O	F	T	Z	U	I	O	B	R	U	U	I	X	I	N
E	U	T	A	W	N	I	E	W	H	C	S	T	U	I	O	S	O	T	Z
D	E	Z	U	M	N	H	B	G	V	F	C	S	W	E	R	T	Z	U	J
U	I	F	G	H	B	E	R	D	N	U	S	S	H	U	C	H	S	U	Z

Von Amerika nach Europa wurde gebracht:

1. ______________________
2. ______________________
3. ______________________
4. ______________________
5. ______________________
6. ______________________
7. ______________________
8. ______________________
9. ______________________

Von Europa nach Amerika wurde gebracht:

1. ______________________
2. ______________________
3. ______________________
4. ______________________
5. ______________________
6. ______________________
7. ______________________
8. ______________________
9. ______________________
10. ______________________

1. Beschrifte das Bild.

2. Ergänze die Tabelle.

Lehre der römischen Kirche um 1550	Lehre Luthers
Die Sprache im Gottesdienst ist Latein	
Der Papst und die Kirche bestimmen, was der richtige Glaube ist	
	Geistliche dürfen heiraten

3. Auf dem Konzil von Trient fasste die katholische Kirche diese Beschlüsse:

– Die reformierte und die lutherische Lehre sind ______________________ .

– Der Handel mit ______________________ wird eingeschränkt.

– Die Priester erhalten eine bessere ______________________ .

– Geistliche Ämter sollen nicht mehr ______________________ werden.

– Geistliche haben die Pflicht in ihrer Gemeinde zu ______________________ .

● ● ● Die Bauern stellen Forderungen

Wir bezahlen viel zu viele ____________ an die Kirche.

Die meisten Pfarrer kümmern sich überhaupt nicht um uns. Wir wollen unseren Pfarrer ____________ ____________.

Die Grundherren lassen uns viel zu viel arbeiten. Wir wollen weniger ____________ leisten.

Die Wälder gehören auch uns. Wir wollen frei ____________ und ____________ ____________.

Wir wollen endlich Freiheit. Die ____________ ____________ muss abgeschafft werden.

1. Verstehst du, was die Bauern besprechen? Setze folgende Wörter an die richtige Stelle: Leibeigenschaft – selbst wählen – Fische fangen – Dienste – Abgaben – jagen

2. Und wie ging es weiter?

Die Bauern fassten ihre Beschwerden in den ____________ ____________ zusammen.

Doch die Fürsten wollten nicht auf die Forderungen der Bauern eingehen.

Viele Bauern wurden deshalb ____________ . Sie ____________ Schlösser und Klöster. Doch bald hatten die Fürsten genug ____________ aufgestellt. Sie griffen die ____________ an und ____________ sie.

Viele wurden gefangen genommen und ____________ ____________ verurteilt.

Um das Jahr ____________ gab es an vielen Orten in Deutschland solche Bauernaufstände. Die meisten wurden von den Fürsten ____________ ____________.

Auf diesem Bild von 1511 kannst du sehen, welche Zaubereien den Hexen vorgeworfen wurden. Ordne die Zahlen den Erklärungen zu.

- ◯ Hexen reiten durch die Luft.
- ◯ Eine Hexe schießt einen Mann lahm.
- ◯ Eine Hexe ist die Geliebte des Teufels.
- ◯ Ein Zauberer mit einem Schwert und einem Zauberbuch.
- ◯ 2 Rechtsgelehrte überwachen eine Hexenverbrennung.
- ◯ Eine Hexe stiehlt Milch. Durch Zauberei gelingt es ihr, die Milch einer Kuh aus einem Baumstamm zu melken. Die Kuh gibt dadurch keine Milch mehr.
- ◯ Hexen werden verbrannt.
- ◯ Ein teuflischer Dämon flüstert einem Mann etwas.
- ◯ Eine Hexe zaubert ein Unwetter.

Extrablatt

Im 17. Jahrhundert war der Zeitungsverkäufer sehr wichtig. Er brachte Flugblätter und Zeitungen auch in abgelegene Gegenden. Die Menschen konnten sich so besser als bisher über wichtige Ereignisse informieren. Typisch für den Beruf des Zeitungsverkäufers war das langärmelige Obergewand, das knallbunt und von Schlitzen durchbrochen war.

1. Wenn du Lust hast, male die Figur bunt an.

2. Entwirf ein Flugblatt zur Erstürmung der Stadt Magdeburg im Dreißigjährigen Krieg.

   Wenn es bei euch einen Druckkasten gibt, erstellt das Flugblatt mit Druckbuchstaben.

Ist das richtig?

Kreuze an, welche der folgenden Aussagen richtig oder falsch sind. Die Buchstaben hinter den richtigen Antworten ergeben von oben nach unten gelesen das erste Lösungswort.
Die Buchstaben hinter den falschen Antworten ergeben das zweite Lösungswort.

	richtig	falsch
– Der Papst ließ Ablassbriefe verkaufen, weil er Geld brauchte. **B**		
– Um Priester zu werden, musste ein junger Mann im 15. Jahrhundert drei Jahre studieren. **L**		
– Viele Christen hofften, dass sie sich mit einem Ablassbrief von ihren Sünden los kaufen konnten. **I**		
– 1517 schickte Johannes Gutenberg einen Brief an den Erzbischof von Mainz. Er beschwerte sich darin über den Ablasshandel. **U**		
– Martin Luther schrieb auf der Wartburg Gedichte, um sich die Zeit zu vertreiben. **T**		
– 1525 heiratete Martin Luther die ehemalige Nonne Katharina von Bora. **B**		
– Katholische Pfarrer dürfen heiraten, evangelische Pfarrer müssen ledig bleiben. **H**		
– Viele Fürsten schlossen sich nicht nur aus religiösen Gründen der Reformation an. **E**		
– Jean Calvin erfand um 1450 den Buchdruck mit beweglichen Lettern. **E**		
– Der Dreißigjährige Krieg begann mit dem Prager Fenstersturz. **L**		
– Im 17. Jahrhundert gab es in Deutschland viele Hexen. **R**		

Das erste **Lösungswort** nennt das Buch, das zum ersten Bestseller nach der Erfindung des Buchdruckes wurde.

Das zweite **Lösungswort** ist der Name für den Übersetzer der Bibel in die deutsche Sprache.

Mein Freizeit-Fragebogen

1. Trage in die Tabelle ein, was du gerne in der Freizeit machst.

	Was machst du gerne?	**Wie viele Stunden in der Woche?**
Ein Beispiel: Sport	Handball	5 Stunden
Sport 		
Musik 		
Spielen 		
Lesen 		
Fernsehen (welche Sendungen?) 		
Kino (welche Filme?) 		
Andere Hobbys		
Vereine 		
Jobs 		

Am liebsten würde ich in meiner Freizeit einmal ………………………………

……………………………………………………………………………… oder

………………………………………………………………………………

1. Macht eine eigene Schulradiosendung.

Unser Pausenradio

„Hallo, hier ist wieder das Pausenradio der Theodor-Heuss-Schule mit Christian am Mikrofon. Ich hoffe, Ihr seid alle wieder am Lautsprecher, um unserer schönen Musik und unserer bärenstarken Sprechercrew zuzuhören. Wir haben heute einen Studiogast aus Amsterdam auf Sendung. Mehr über ihn erfahrt ihr nach der nächsten Musik . . .“.

So beginnt eine Sendung des Schulradios an einer Schule. Sie findet einmal in der Woche statt. Auch ihr könnt *an eurer Schule* in der großen Pause euer eigenes Radio machen. Ihr könnt die Sendung entweder live oder als Kassettenaufnahme abspielen.

Zum Schulradio gehören:

a) *die Sprecher:* Ihre Texte werden vor Beginn der Sendung vorbereitet. Sie machen auch die Interviews mit Gästen.

b) *der Techniker:* Er schließt die Anlage an, regelt die Lautstärke und nimmt die Sendung auf Kassette auf.

c) *die Musik:* Ihr könnt das Musikprogramm selbst zusammenstellen. Eine Bitte: Spielt nicht nur eure Lieblingsmusik ab!

d) *die Inhalte:* Überlegt gemeinsam, was die Sprecher bei der nächsten Sendung berichten sollen. Fragen an Gäste müssen vorher genau aufgeschrieben werden.

e) *die Technik:* Die Sendung wird über den Schullautsprecher in die Klassen ausgestrahlt.
Eine andere Möglichkeit: Ihr könnt eine Musikanlage mit Mikrofon im Pausenbereich eurer Schule aufbauen.

Viel Spaß beim Radiomachen!

2. Viele Radiogeräte können verschiedene Radiowellen empfangen; in der Regel hört ihr zu Hause Radio auf Ultrakurzwelle (UKW). Welches ist euer Lieblingssender?

____

____

zu Schülerband Seite 80/81

Freizeit – mit Risiken

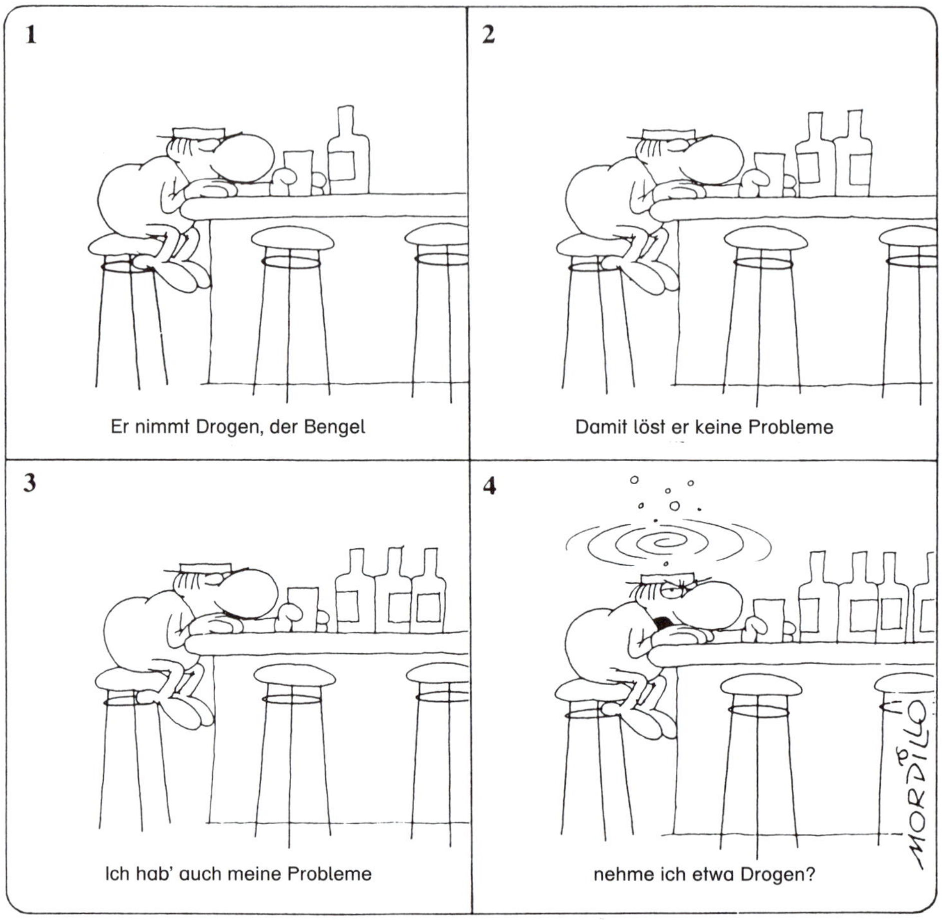

1. Wie versteht ihr diese Bildergeschichte?

Bitte ankreuzen

Erwachsene haben keine Probleme	Ja ☐	Nein ☐
Alkohol ist keine Droge	Ja ☐	Nein ☐
Alkohol löst keine Probleme	Ja ☐	Nein ☐

2. Schreibe einen eigenen Text zu der Bildergeschichte. Stell dir vor, du triffst deinen Vater in der Wirtschaft . . .

zu Schülerband Seite 82/83

Was machen die Römer in ihrer Freizeit? Schreibt den passenden Begriff unter das Bild. Kreist die Tätigkeiten ein, die nicht in die Zeit der Römer passen.

Besuch des Gladiatorenkampfes – Telefonieren – Ball spielen – Fahrrad fahren – Baden – Zuschauen beim Wagenrennen – Theaterbesuch – gutes Essen – Eishockeyspiel

Ein Besuch im Tierheim

Martin hilft in seiner Freizeit im Tierheim.

Eure Klasse will einen ehrenamtlichen Helfer im Tierheim besuchen. Diese Seite kann euch bei der Vorbereitung helfen. Weitere Tipps findet ihr auf der Seite gegenüber.

Wo liegt unser Ziel? (Die Adresse)
. . . Schaut in das Telefonbuch unter "Tierheim" oder „Tierschutzverein". Sucht dann den Ort und die Straße auf einer Karte.

....

....

Wer macht die Fotos?
. . . Die Schüler, die fotografieren, müssen sich erkundigen, ob das Blitzlicht die Tiere stört.

....

....

Was wollen wir fragen?
. . . z. B. Wer kümmert sich nachts um die Tiere?
. . . z. B. Welche Arbeit macht Ihnen hier am meisten Spaß?
. . . z. B. Woher kommen die Tiere, die hier leben?

....

....

....

....

....

Wir planen eine Exkursion
(Methode)

Exkursion:
Besichtigung

Eine gute Planung macht eure **Exkursion** erfolgreich. Dazu habt ihr 2 Möglichkeiten:
Ihr könnt die Fragen in den Farbenkästen durch verschiedene Teams oder durch die ganze Klasse beantworten.

Ziel der Exkursion
Was wollen wir besuchen?

Warum wollen wir den Besuch machen?
Was interessiert uns gerade hier?

Wo liegt unser Ziel (Die Adresse)

Wie viel Euro kostet der Eintritt?

Inhalte und Gesprächspartner
Was wollen wir bei der Exkursion beobachten?

Was wollen wir fragen?

Wen wollen wir fragen?

Zeit und Transport
Wie kommen wir hin?
(Gehen oder Fahren)

Wie viel Euro kostet die Busfahrt?

Wie viel Euro kostet die Bahnfahrt?

Wann sind die Öffnungszeiten?

Wie lange wollen wir bleiben?

Wie lange können wir bleiben?
(z. B. Wann fährt der Bus zurück, wann müssen wir wieder in der Schule sein?)

Aufgaben
Wer macht die Fotos?

Wer stellt die Fragen?

Wer nimmt das Interview mit dem Rekorder (oder mit der Videokamera) auf?

Wer schreibt danach einen Bericht?

Verpflegung
Wo gibt es etwas zu essen?

Wo gibt es etwas zu trinken?

1. Schreibt unter jedes Bild „richtig“ oder „falsch“.

2. Entwerft ein Schild zur Einhaltung der Müllregeln auf dem Schulhof.

3. Ladet einen Abfallberater der Stadt/Gemeinde in eure Klasse ein; sprecht mit ihm über Müllvermeidung.

zu Schülerband Seite 88

Arbeit hat viele Gesichter

Montag

Dienstag

Mittwoch

Donnerstag

Freitag

Samstag

1. Die Bilder zeigen, wie ein junger Mann die Arbeitswoche erlebt. Überlege dir zu der Bilderfolge eine passende Geschichte und schreibe sie auf.

2. Vergleicht und diskutiert eure Ergebnisse in der Klasse.

zu Schülerband Seite 90/91

Stell dir vor du bist der Chef und sollst eine/n Praktikantin/Praktikanten einstellen.
Wie soll sich dein/e Praktikant/in verhalten?
Trage die wünschenswerten Verhaltensweisen ein und ergänze sie.

Kommt jeden Tag ....

Kommt jeden Tag pünktlich

Duzt sofort den Chef

Erkundigt sich nach dem Einkommen

Grüßt die Kollegen

Arbeitet gut

Führt Arbeitsaufträge nur manchmal aus

Praktikantin

Chef

Ist so wenig wie möglich krank

Geht nach Hause wenn er/sie keine Lust mehr hat

Hat einen freundlichen Umgangston

Macht sich mit vielen Pausen den Tag angenehm

Hält sich nicht an Anweisungen

zu Schülerband Seite 92/93

Es gibt Eigenschaften, die für einen Beruf wichtig sind. Bevor du dich für einen Beruf entscheidest, ist es wichtig zu wissen, wo deine Stärken liegen. Trage in die Tabelle ein, was du kannst. Dann trage ein, was du noch nicht kannst.

Das kann ich gut	Das kann ich noch nicht

Pünktlich sein
lesen
abschreiben
anderen zuhören
schwer tragen
schön singen
andere überzeugen
lange stehen
rechnen
bin zuverlässig
bin verantwortlich
lange durchhalten
dazu lernen
Kritik vertragen
bin geschickt
komme gut mit anderen Menschen klar

Mein Lebenslauf

Fülle den Lebenslauf aus:

Mein Lebenslauf

Persönliches:

Name: ____________________

Geburtsdatum: ____________________

Geburtsort: ____________________

Eltern: ____________________

Beruf der Eltern: ____________________

Geschwister: ____________________

Schulische Laufbahn:

____

____

____

____

Außerschulisches:

Hobbys: ____________________

____

Weitere Kenntnisse: ____________________

____

____

____

Ort; Datum

____

Unterschrift

zu Schülerband Seite 95

Die Rechte von arbeitenden Jugendlichen werden vom Jugendarbeitsschutzgesetz geregelt.

§ § § §

„Die Beschäftigung von Kindern und vollzeitschulpflichtigen Jugendlichen ist in der Bundesrepublik grundsätzlich verboten."

1. Ein 15-jähriger Schüler möchte bei einer großen „Fast-Food-Kette" jobben. Ist das erlaubt?
   Schreibe deine Antwort auf. Begründe.

„Für Jugendliche gilt grundsätzlich die Fünf-Tage Woche. Das heißt, der Samstag ist generell arbeitsfrei. Ausnahmen gibt es z. B. in Krankenhäusern, Altersheimen, Verkaufsstellen, Gaststätten und in der Landwirtschaft."

(Wichtig ist, dass ein Ausgleich der Mehrarbeit am Wochenende innerhalb der Woche erfolgen muss).

2. Ein Metzgermeister möchte, dass sein Azubi alle 14 Tage am Samstagvormittag arbeitet.
   Ist das erlaubt? Begründe deine Antwort.

§ § § § § § § § § §

3. Vergleicht zu den dargestellten Fällen das Jugendschutzgesetz und betrachtet besonders die Paragrafen 5, 15, 16 und 17.

zu Schülerband Seite 96

Ist der Lohn gerecht?

1. Herr Meier (Arbeiter) und Herr Obel (leitender Angestellter) unterhalten sich über ihre Arbeit.
   Der Beginn des Gesprächs steht in den Sprechblasen. Wie geht die Unterhaltung weiter?
   Schreibe es hier auf.

   Hr. Obel: Ja, aber ____________________

   ____

   Hr. Meier: Auch ich ____________________

   ____

   Hr. Obel: ____________________

   ____

   Hr. Meier: ____________________

2. Spielt es anschließend in der Klasse als Rollenspiel vor.

zu Schülerband Seite 101

Frauenarbeit – Männerarbeit

1. Was hältst du von der Einstellung des Mannes?

2. Wie denkt er wohl über die Hausarbeit der Frau?

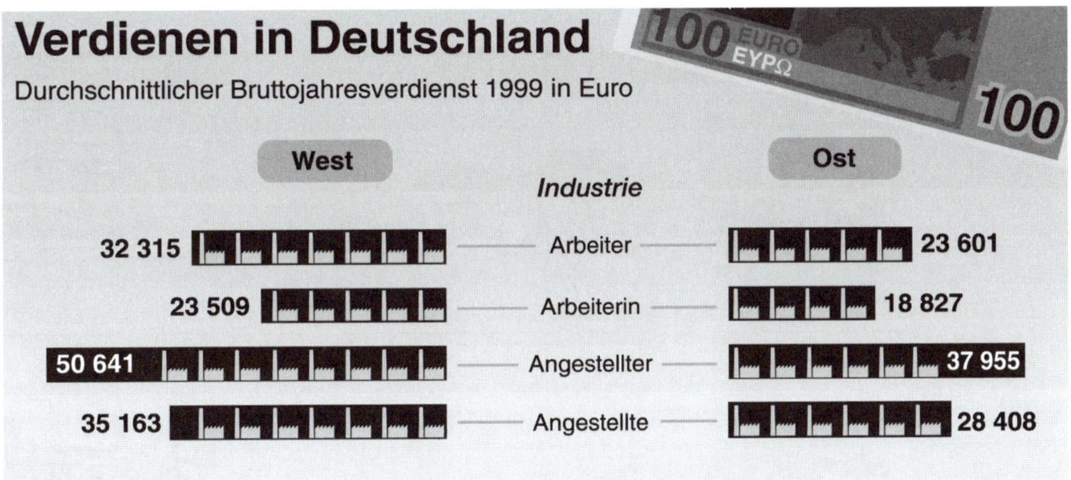

3. Wie viel verdienen angestellte Frauen im Durchschnitt weniger als angestellte Männer?

4. Wie viel verdienen die Frauen bei den Arbeitern weniger als die Männer?

Dampfmaschinen

Ordne die Begriffe den Bildern zu. Du erkennst, welche Arbeiten nach Erfindung der Dampfmaschine durch Maschinen verrichtet wurden.

Motorschiff / Postkutsche / Dampflokomotive / Segelschiff / dampfgetriebener Mähdrescher / Bauer bei der Feldarbeit / Webmaschine / Handwebstuhl; Spinnrad

____

____

____

____

____

____

____

____

Die soziale Frage

Um die soziale Frage wurde lange gerungen, viele Widerstände waren zu überwinden. Von den Fabrikbesitzern waren nur wenige bereit, sich für die Arbeiter einzusetzen.

1. Trage in die Kästchen ein, wer welche Maßnahmen ergriff, um die sozialen Probleme zu lösen, die durch die industrielle Revolution entstanden waren:
Häuser für heimatlose und wandernde Arbeiter, Gründung von Gewerkschaften, Arbeiterkolonien, Sozialgesetze, Krankenversicherungen, Streiks, Kaufläden, Arbeiterwohnungen, Beteiligung am Gewinn, Schulen für Arbeiterkinder, Hilfskrankenkassen

einzelne Fabrikbesitzer: ______________________

Arbeiter selbst: ______________________

Regierung: ______________________

Kirchenvertreter: ______________________

zu Schülerband Seite 106/107

Arbeitslosigkeit

Tobias arbeitet in einer Maschinenfabrik. Plötzlich gehen die Aufträge zurück. Der Unternehmer machte Schulden und konnte selbst die Löhne nicht mehr auszahlen. Erst wurden nur einige Arbeiter entlassen, dann musste er Konkurs anmelden. Die Firma machte Pleite. Die Arbeiter erhielten ein Konkursausfallgeld.

Frank arbeitet bei einer Baufirma. Wegen des schlechten Wetters im Januar und Februar konnten sie an 15 Tagen nicht arbeiten. Es gab Kurzarbeit. Kurzarbeit wird verordnet, wenn 1/10 der Regelarbeitszeit ausfällt. Bei einer überschaubaren Kurzarbeit zahlen die Betriebe das Kurzarbeitergeld. Es kann bis zu einer Dauer von 6 Monaten gezahlt werden.

Steffi ist seit 10 Jahren in einer Druckerei beschäftigt. Vor kurzem hat die Firma einen Verpackungsautomaten angeschafft, die die Arbeit im Lager von ihr und weiteren 5 Arbeiterinnen überflüssig macht. Durch den Einsatz von computergesteuerten Automaten und Maschinen sind bereits viele Arbeiter und Arbeiterinnen entlassen worden.

Nicole hat den Hauptschulabschluss geschafft. Anschließend war sie noch ein Jahr auf der Berufs-schule. Mittlerweile hat sie sich bei 20 Betrieben als Restaurantfachfrau beworben, jedoch nur Absagen bekommen. In einem anderen Beruf will sie aber die Ausbildung nicht machen. Sie ist jetzt bereits seit 3 Monaten ohne Arbeit.

1. Warum ging der Betrieb von Tobias in Konkurs?

____

____

2. Wann wird Kurzarbeit verordnet?

____

3. Was sind die Gründe für die Arbeitslosigkeit von Steffi?

____

____

4. Warum findet Nicole keine Ausbildungsstelle?

____

zu Schülerband Seite 108/109

Der König regiert allein

1. Ordne die Personengruppen den Etagen der Pyramide zu. Schau im Schülerband S. 115 nach und vergleiche.

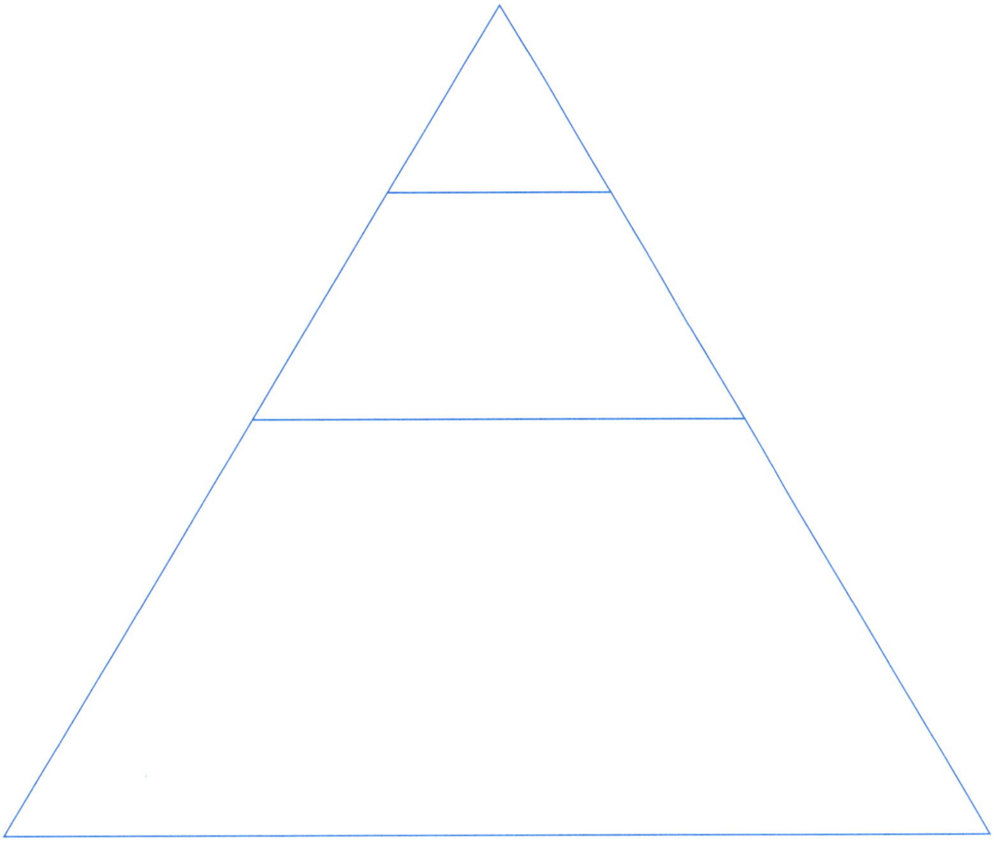

2. Vervollständige die Sätze:

Jeder Mensch hatte seinen Platz in der ______________________.

Die Menschen glaubten, dass die ______________________ von Gott gewollt waren.

Die Bauern mussten an den Grundherrn ______________________ zahlen.

Es gab häufig Missernten, die zu ______________________ führten.

Der König brauchte ständig Geld, um ______________________ zu führen.

Der erste und der zweite Stand mussten keine ______________________ zahlen.

Die Bürger erklären die Menschenrechte

1. Vervollständige die Sätze.

Alle Menschen haben
ein Recht auf …

Alle …

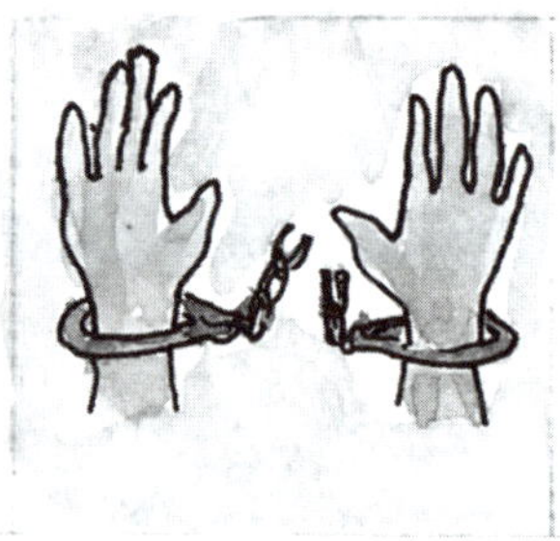

Alle Menschen haben
ein Recht auf ärztliche Versorgung.

Alle Menschen haben
ein Recht auf Eigentum.

2. Zeichne selbst zwei Piktogramme.

zu Schülerband Seite 118/119

1. Übt diese Szene ein und führt sie der Klasse vor.

Staatsanwalt

Polizeichef

Richter

Angeklagter

Szene im Gericht

Der Adlige Graf D'Andigny steht 1793 in Paris vor Gericht.

Staatsanwalt: Sie werden beschuldigt der, der …

Polizeichef: (flüstert ihm zu) Der Verschwörung.

Staatsanwalt: … der Verschwörung. Sie sind Adliger und wollen unsere neue Republik wieder zerstören.

Richter: Was sagt die Verteidigung?

Verteidiger: Der Herr Graf bittet um Gnade.

Graf D'Andigny: Aber was habe ich denn getan? Ich war immer gut und gerecht zu meinen Bauern.

Staatsanwalt: Die Zeit der Adligen und des Königs ist vorbei. Aber ihr wollt, das alles wieder wird wie früher. Aber damit ist Schluss.

Graf D'Andigny: Aber ich habe doch gar nichts getan.

Polizeichef: Und was machen Sie in Paris? Warum haben Sie sich hier versteckt?

Graf D'Andigny: Die Bauern haben mein Schloss gestürmt und angezündet.

Staatsanwalt: Das klingt alles sehr verdächtig.

Polizeichef: *(flüstert dem Richter zu)* Wir müssen uns beeilen. Wir haben heute noch mindestens 30 Angeklagte.

Richter: Angeklagter. Der Staatsanwalt hat Recht. Es ist verdächtig, dass Sie hier in Paris sind. Und wir müssen unsere Republik schützen. Das Urteil lautet: Tod durch das Fallbeil.

Graf D'Andigny: Aber ich bin unschuldig.

Richter: (zum Polizeichef) Führen Sie ihn hinaus.

zu Schülerband Seite 120/121

Napoleon herrscht in Europa

1. Fülle den Steckbrief aus.

Steckbrief von Napoleon Bonaparte

1769: *Napoleon wurde auf der Insel Korsika geboren.*

1799: ____________________

1804: ____________________

Sein Ziel: ____________________

Er eroberte: ____________________

1812: ____________________

1815: ____________________

1821: *Napoleon starb in der Verbannung auf der Insel St. Helena.*

2. Stell dir vor, du nimmst als Soldat Napoleons am Feldzug gegen Russland teil. Du hast die Schlacht bei Borodino überlebt, die Napoleon gewonnen hat. Ein Reporter, der darüber einen Bericht schreiben will, stellt dir folgende Fragen:

Reporter: Warum zieht dein Feldherr Napoleon gegen Russland?

Soldat: ____________________

Reporter: Wie groß ist eure Armee?

Soldat: ____________________

Reporter: Wie ist die Schlacht bei Borodino ausgegangen?

Soldat: ____________________

Reporter: Was fandest du besonders schrecklich?

Soldat: ____________________

____

Reporter: Der Feldzug geht weiter. Wovor hast du am meisten Angst?

Soldat: ____________________

Reporter: Was wünschst du dir?

Soldat: ____________________

____

1. Füge die Silben zu Worten zusammen. Schreibe sie auf.

Frei – Revo – keit – ver – tion – schwarz – einig – ge

Ber – heit – gold – bo – rot – lin – lu – Flag – ten

____

____

____

2. Ordne die gefundenen Begriffe den Kästen richtig zu und schreibe sie in die Lücken.

Diese ______________ war damals verboten. Sie trägt die Farben ______________

____

______________ und Recht und

____

Für das deutsche Vaterland.
Danach lasst uns alle streben
Brüderlich mit Herz und Hand!
Einigkeit und Recht und Freiheit Sind
des Glückes Unterpfand.
Blüh im Glanze dieses Glückes. Blühe
deutsches Vaterland.

So lautet die deutsche Nationalhymne. Damals war sie ______________
Ergänze in dem Text die zwei fehlenden Worte.

1848 fanden in der Stadt ______________ Straßen-kämpfe statt. Damit begann in Deutschland eine ______________

____

zu Schülerband Seite 124/125

Dies ist eine Karikatur aus dem Jahr 1864.
Der Zeichner fragt: „*Kommen die Deutschen unter einen Hut? Ich glaube die kommen unter eine Haube.*“ Gemeint ist damit die „Pickelhaube“. Das ist der Helm der preußischen Soldaten.

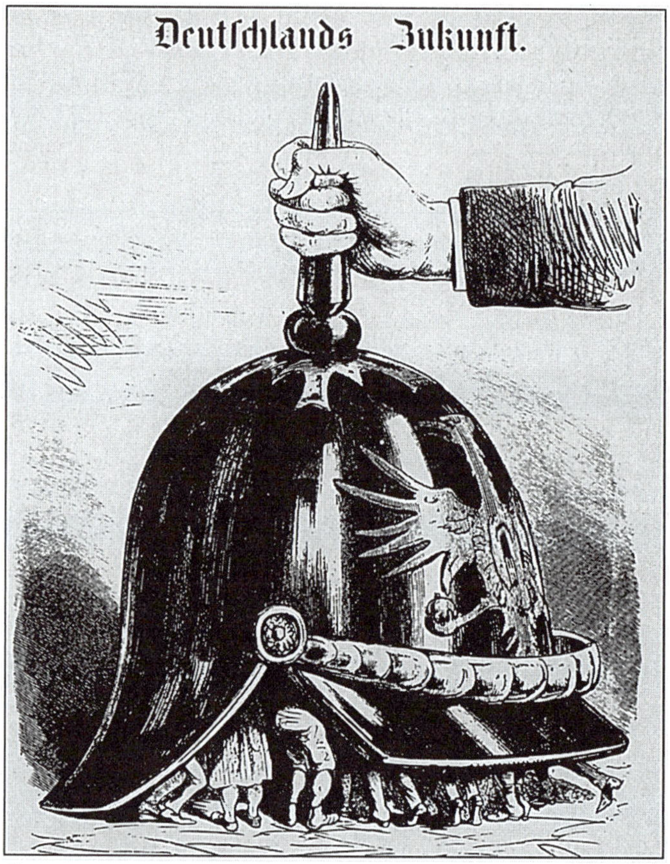

Österreichische Karikatur

1. Wer oder was befindet sich unter der Haube?

2. Überlege dir, was mit den Menschen geschieht.

3. Was will der Zeichner mit der Karikatur ausdrücken?

Durch den Krieg zur deutschen Einheit – ein Quiz

1. Kreuze die richtige Antwort an. Zur Kontrolle kannst du im Schülerband S. 126 – 129 nachschlagen. Überlege selbst eine Quizfrage und stell sie deinen Mitschülerinnen und Mitschülern.

1. Das Leben hatte sich für die Menschen im 19. Jahrhundert geändert durch die
   - ❑ Entdeckung Amerikas
   - ❑ Industrialisierung
   - ❑ Bauernkriege

2. Der größte Staat in Deutschland war
   - ❑ Württemberg
   - ❑ Bayern
   - ❑ Preußen

3. Der König von Preußen sollte zum deutschen Kaiser gewählt werden von
   - ❑ den deutschen Männern
   - ❑ den deutschen Fürsten
   - ❑ den deutschen Männern und Frauen

4. Der preußische Kanzler hieß
   - ❑ Fürst Otto von Bismarck
   - ❑ Hauptmann von Köpenick
   - ❑ König Friedrich Wilhelm

5. Im Jahr 1871 führte Deutschland einen Krieg gegen
   - ❑ England
   - ❑ Frankreich
   - ❑ Russland

6. Die Soldaten besetzten 1906 das Rathaus von Köpenick, weil
   - ❑ der falsche Hauptmann sie gezwungen hatte.
   - ❑ sie einen Befehl vom Kaiser hatten.
   - ❑ sie befehlsgläubig waren und Ehrfurcht vor der Uniform hatten.

7. So wurden die Kinder im Kaiserreich erzogen:
   - ❑ Sie mussten sich dem Befehl des Vaters unterordnen.
   - ❑ Sie konnten machen, was sie wollten.
   - ❑ Sie waren gleichberechtigt in der Familie.

1918 sollte jeder Mensch in Deutschland pro Tag die folgenden Lebensmittel erhalten. In vielen Orten konnte aber nicht einmal so viel geliefert werden, wie hier angegeben.

Brot	347 g
Kartoffeln	700 g
Zucker	26 g
Fett	10 g
Fleisch	14–21 g

Milch nur für Kinder bis 6 Jahre oder schwangere oder stillende Frauen.

		Kilokalorien (kgK)
100 g	Brot	220 kgK
500 g	Kartoffeln mit Schale	348 kgK
20 g	Zucker	75 kgK
100 g	Fleisch etwa	200 kgK
1/4 l	Vollmilch	170 kgK
1/2	Teelöffel Fett = 10 g	75 kgK

1. Besorge dir die angegebenen Mengen. Für Fett kannst du Butter oder Margarine nehmen.

2. Überlege, wie du die angegebenen Lebensmittel über den Tag verteilt essen könntest. Schreibe einen Speiseplan auf.

   Frühstück: ______________________

   Mittagessen: ______________________

   Abendessen: ______________________

3. Als Ersatz für Kartoffeln, Gemüse und Brot wurden im Ersten Weltkrieg häufig Kohlrüben (auch Steckrüben genannt) verwendet. In einer Zeitung standen 1917 diese Rezepte für Steckrübengerichte. Versucht eines davon zu kochen.

Steckrüben Pickert
1 Pfund rohe Steckrüben durch die Reibemaschine, 2 Löffel Mehl, 1/2 Ei oder Eiersparpulver und Salz gut durchmengen und wie Kartoffelpuffer braten.

Steckrüben-Salat
Die Steckrüben werden in dicke Scheiben geschnitten, geschält, übergewellt und gargekocht. In einem Teil des Rübenwassers kocht man eine roh geriebene Kartoffel oder etwas Mehl, um die Tunke rund zu machen. Dann Essig, geriebene Zwiebel, Senf, Pfeffer, Salz, Maggiwürfel, Eierpulver dazugeben. Anschließend lässt man die Rüben mindestens 2 Stunden darin durchziehen. Da die Rüben viel Gewürz ziehen, kann man reichlich mit allem würzen.

zu Schülerband Seite 135